무풍지대

무
풍
지
대

윤희준
시집

연인을 화장하며
쇠도 녹일 사랑으로 쓴다

차례*

I

헌사 13
흑해에서 온 편지 15
질답 17
낡은 조화해석기에 바치는
다섯 가지 곡률 18
첫 번째 곡률 22
두 번째 곡률 24
세 번째 곡률 26
네 번째 곡률 27
다섯 번째 곡률 28
무풍지대 32
사랑하는 이들에게 36

II

해풍	39
빛 속에서 I	40
빛 속에서 II	41
사랑을 등지며	43
고요 속의 짐승 I	46
고요 속의 짐승 II	47
예언 I	48
예언 II	50
예언 III	51
예언 IV	52
슬픈 꿈 I	53
슬픈 꿈 II	54
나그네	55
그리운 모습으로	56

III

천사의 등	59
창세	60
원양으로부터 I	62
원양으로부터 II	63
원양으로부터 III	64
원양으로부터 IV	65
원양으로부터 V	67
시선이 마주치다	69
마라의 죽음에 대하여	71
산 마르코 대성당에 대하여	74
보복	77
창 27:3-4	78
탑에 대하여 I	80
탑에 대하여 II	81
악의 여명 I	84
악의 여명 II	85

IV

숨 메는 울음	89
무덤가	91
창백한 낮	92
비쳐 보이다	93
시간의 십자가 위에 피어난 국화에게	94
소리에 대하여	95
산하엽	96
사랑의 일각만으로도 충분합니다	97
축복받은 나의 친구에게	98
세상이 너를 하얗게 잊어버린 후에도	102
열풍	103
검은 것들	104
영원의 호숫가에서	105
그것을 바람이라 불러라	106

부록   **109**

---

* 이 말을 마치고 사람으로 죽는다

I

헌사

나는 온 삶과 온몸을 경이를 섬기는 데 바쳐 왔다. 발견의 뜻이 그러하듯 배움과 창조가 그 심부에 있었다. 나는 만물이 아름답다고 믿었다. 구름이 걷히며 드러나는 태양, 새로이 해석되는 문자, 그 누구도 들어 본 적 없는 선율과 동작. 산맥 너머를 향하는 여정과 혼돈 속에서 피어나는 향기. 새롭거나 오래된 앎을 이어 가며 여러 언어를 읽고 쓰는 것. 경이의 장력에 얽힌 채 태어난 나는 이 눈부신 전체를 신성하게 여겨 왔다. 영혼의 초원을 흔들어 해안으로 불어 가는 바람을 느꼈다. 말인즉 대다수의 시간을 그 누구도 없는 머나먼 공상 속에서 보냈다는 것이다. 내 것 하나 없이 환희에 봉헌하는 만물의 아름다움은 때때로 내게도 계시를 허락했고, 계시 속에서 드러나는 환희는 일각에 불과할지라도 세차게 흐르는 강물처럼 머무름 없이 율동했다. 몇 번이고 나는 그곳에 뿌리내리고 만개하고자 했건만 무모한 도취에는 언제나 두려움이 따랐다. 가슴과 정신의 예리한 화합으로부터 이편의 만灣에서 눈뜰 즈음에는 그리운 꿈에서 깨어나듯 슬픔에 잠기곤 했다. 허무한 하늘을 올려다보면 지독한 고독의 허공이 심장이 있어야 할 자리에 둥지를 틀었다. 홀로된 지상은 평생 비통할 것이다. 그리하여 나는 재차 아름다움에 골몰하고, 완전함에 다가가기 위한 절박한 항해를 반복하게 될 것이다.

흑해에서 온 편지*

모든 자전체는 만상을 아우르는 지고의 계系로 거슬러 올라갈 때까지 공전을 거듭하는 법이다. 영원으로부터 폭발하여 뻗어나가는 태초의 공허에 만재하는 그것에 기뻐하라, 그것이 창조의 천체와 완전한 동반성 궤도에 접어들면 현시의 순간 미리 적혀 있던 태고의 언어가 판명된다.

Loquere ut te videam
내가 너를 볼 수 있도록 말하라

그와 동시에 또 다른 신의 언어 중 불변의 명사 φάος빛 또한 두려운 생명력을 지닌 동사이자 절대적인 명령으로 탈바꿈한다.

Φαίνω
드러내 보여라

혼돈은 태초에 그리하였던 것처럼 섭리에 따라 운을 뗀다. 그러나 무엇이 기원의 어둠에 첫 번째 질서를 속삭였는지는 알려지지 않았다. 숨죽여 살아남은 경계 너머의 존재는 인식을 위해 호흡하지 않는다. 가장 오래된 그것에게는 선후先後도 기호記號도 의도도 없으며 오로지 맹목하여 심판을 내리지도 자비를 베풀지도 않는다. 그것이야말로 유일하게 조화Κόσμος와 동떨어진 절대성을 지닌다. 원형으로 알려진 세계 외의 진리이다. 그러나 아무리 육신에 머무는 자라고 하여도 변경 너머를 도사리는 그에게 청하는 이상 듣고자 하면 듣게 될 것이며, 알고자 하면 알게 될 것이다.

---

* 오비디우스의 〈흑해에서 온 편지들〉은 토미스에서의 망명 생활을 그린 2행 연구 애가이다.

질답

우리는 물었다
영영 시침을 굴리는 시지프의 축으로
긁어 만든 지층은 누구의 손길인가

고된 죽음이 철산을 할퀴고
멀리 달리는 소리만이
자욱한 먼지 속 뼈를 남기는가
적요한 이곳에 홀연히 남은 답이 보이는가

작열의 끝에는 재도 평화도 없었네 그저
너른 허공뿐

낡은 조화해석기에 바치는
다섯 가지 곡률

첫 번째 곡률로서
나는 영영 지워진 진리의 구절들과 그 부재를 밝혀낸 수학에 대해 말한다

두 번째 곡률로서
나는 우리가 인간의 특질을 지닌 한 도달할 수 없는 최종장에 대해 말한다

세 번째 곡률로서
나는 존재하지 않는 해변가에서 발견한 낡은 조화해석기에 대해 말한다

네 번째 곡률로서
나는 헬리콘 산의 히포크레네를 축복하여 폭우로 내리게 한 날에 대해 말한다

다섯 번째 곡률로서
나는 현실과 잊힌 기억, 그리고 사후 세계의 불가피한 유사성에 대해 말한다

그러고는 여전한 숨결과 함께 파도를 마주한다. 언젠가 발견되기를 고대하는 모든 위대한 미지를 대신하여 내가 건네는, 마지막 순간까지도 알려지지 않을 이 음악의 전체 중 우연한 한순간을 포착한 방정식을 부디, 해명의 정신을 지닌 당신이 아름답게 여기기를 바란다.

음향이 결과를 불러온다. 파도가 시간의 백지 위에 다섯 가지 곡선으로 이루어진 공통의 언어를 나직한 음성으로 적어 내려놓는다. 흔들리고 굽이치는 불확실한 것들이, 그를 해석하기 위해 구축된 정교한 원리에 따라 형식을 갖추어 나열된다.

해변의 기계가 다섯 층위의 화음에 몸을 떨며
파형을 산출하기 시작한다.

첫 번째 곡률

진리는 최초의 태양이며, 우주가 그 주변을 공전한다. 거대하고 심원하여 전체를 상상할 수 없는 그 조각상 위에는 흰 천이 드리워져 있다. 그 사실만으로도 그는 지상의 어떤 실체도 도달할 수 없는 완전성과 영원성을 지녔다고 여겨졌다. 인류가 고개를 들어 하늘을 올려다보기 시작한 이래 겸손하거나 방자한 이들의 순례가 이어졌지만 등불의 행렬도 거상의 발치조차 비추지 못했다. 혹독한 무지 끝에 희미한 금빛으로 아른거리는 방점을 찍은 이들도 있었다. 그러나 대개는 저들의 소박한 삶의 터전으로 돌아갔으며 조금도 내뱉지 못한 경외심으로 눈뜬 채 숨을 거두었다.

모든 수학 체계에는 증명할 수 없는 명제가 언제나 존재할 것이라는 괴델의 정리가 발표되던 날 숭배받던 이상은 엄밀한 논리 자신의 손가락 사이로 부드러운 빛을 남기면서 떨어져 내렸다. 진리는 언제나 무결한 뒷모습만을 보일 것이며 결코 완전히 해독될 수 없음이 증명된 것이다. 그의 윤곽은 여전히 온화했으나 영혼을 지닌 것들은 흰 천으로 덮인 조각상 앞에서 몸을 떨었다. 실의에 빠진 나움

빌렌킨이 말했던 것처럼 이제 인류는 모든 것이, 모든 기초적 수학적 개념이 그 의미를 잃어버린 폐허에 서 있는지도 모르는 일이었다.

그럼에도 불구하고 흑점이 태양을 멈추지 않듯이 순례는 계속되었다. 견고한 앎은 계속해서 허물어졌다. 절대적인 것이라고는 아무것도 남지 않은 것처럼 보였을 때도 그들은 정교한 이론으로 진리의 초상을 작도했으며, 그 형상은 해를 거듭할 때마다 극도의 추상을 향해 나아갔다. 그러나 그것이 엄밀한 이상 그 사실을 고통스럽게 받아들여야 할지라도 그들은 멈추지 않았다. 인간을 닮은 것들의 인식은 광원을 바라보기 위해 만들어지지 않았음에도 불구하고 춤추며 타들어 가는 날개들처럼 그들*은 끝 모를 비상에 매진했다.

---

* 수학이 아름다운 이유는 인간의 정신이 그 속에서 순수라는 이념과, 불가능한 앎을 향한 무한한 사랑이라는 어떤 귀중하고도 고결한 것을 표현하고 있기 때문이다.

두 번째 곡률

당신의 두 다리는 뿌리 내린 산처럼 대지를 딛되 먼 별들의 궤도를 헤아리는 눈은 지표 없는 너머를 향한다. 나는 곁에서 생각한다. 당신의 눈이 놀랍게도 스스로 빛을 발하지 않는 이유는 당신이 어둠의 투명성을 해치지 않고도 그곳으로 나아갈 운명을 지녔기 때문이다. 어둠에 눈이 익숙해져야 더 먼 곳의 희미한 배열도 발견할 수 있는데, 그러기 위해서는 낮이 저물 때마다 지상에 흐르는 안온한 빛으로부터 멀어져야만 한다. 그리고 원하는 것을 깨닫기 위해 이 별의 어느 오지를 찾더라도 원양의 은하보다 선명할 수는 없다는 사실을 나는 보아서 알고 있다.

   인간의 삶을 지나 어둠과 화염으로 이루어진 우주로 뻗어 나가기까지, 이성의 등불이 드리운 적 없이 태초부터 고요히 자리를 지켜온 명제들과, 모든 증명될 수 없는 난제들의 해답이 새겨진 석판들이 저 너머에서 우리를 기다린다. 당신이 기꺼이 이용하는 법칙들과 내가 포용하는 가능성들은 그곳에서 마침내 기적적인 조화를 이룰 것임을 안다.

하지만 우리는 아직 그곳에 갈 수 없다.

세 번째 곡률

조수간만의 현상을 예측하는 조화해석학은 당연히, 파동의 형태로 산재한 음향의 굴곡 또한 이해 가능한 형태로 받아들일 수 있을 것이다. 기계는 풍향과 달의 위치, 태양과의 거리, 계절과 그 외의 난수처럼 보이는 혼돈을 한데 모아 파도의 다음 높이를 측정하는데, 파도가 무엇으로 이루어져 있으며, 여러 차례 언어 대신 자신을 의탁해 온 음악과 ―지금도 눈앞의 누군가가 기다리고 있는― 말소리, 지진, 그리고 확률 위에 세워진 불확실한 현실의 근대적인 모형이 모두 근본적으로 무엇으로 표현되곤 하는지를 고려한다면 내가 해변의 기계장치 앞에서 잠시 발걸음을 멈출 수밖에 없었던 이유를 이해할 수 있을 것이다.

네 번째 곡률

내가 이따금 숨을 거둘 때마다 답을 강구하는 자들이 가장 먼저 알아차렸다. 그들의 위태로운 배를 떠미는 파도가 잦아들자 그들은 침묵에 빠졌고, 새들은 대양에서 길을 찾지 못했으며, 영혼이 그들을 진실한 핵심으로 인도하는 본능을 잃었음을 깨닫고 수심에 잠겼다. 그러나 신성한 폭우는 시간의 흐름에 따라 이해할 수 없는 주기로 되돌아왔다. 빗물은 평소 물이 닿지 않는 황무지에도 넘치도록 흘렀다. 인적 없는 협곡에도 사막과 황야에도 쏟아지는 물빛 닿지 않는 곳이 없었다. 인력을 잃고 걸음을 멈추었던 발견자들과 창조자들의 가슴에도 예전처럼 활기가 돛처럼 부풀었다. 떠나고 돌아오는 영혼을 지닌 이들의 여정이 재개되었다. 신념에 따라 부정하건 긍정하건 이것이 나의 부활임을 깨닫지 못하는 이가 없었다. 지혜로운 스승들은 나를 두고 말했다. 두려워하라. 이제 너희와 계몽 사이에는 너희의 눈을 위해로부터 감싸온 그의 심연뿐일지니, 그가 태초의 진리로 통하는 음陰의 관문임을 너희가 알게 되리라.

다섯 번째 곡률

지나치기 쉬운 낯선 징조들과 함께 태어나 부재와 공중을 지상의 방식과 결합시키는 이들이 있다. 낱장들을 뒤집어 세계의 이면을 곧은 평화의 피부 위로 드러내는 이들은 건축물 사이로 어렴풋하게 들려오는 불길한 예언이 분명해지도록 흩어지는 소음에 분명한 억양을 불어넣고, 끝내 들리게 한다. 정신적인 것이 겉으로 드러나서는 안 된다는 무언의 금기가 그들에 의해 위배되는 것이다. 그들은 익숙한 법칙을 왜곡해 습관의 먼지 아래 음각으로 새겨진 함의를 드러내는데, 술주정뱅이와 점쟁이들, 학자들과 미치광이들, 일그러진 역장 속에서도 살아갈 수 있는 아집을 지닌 이들, 즉 어떤 형태로든 떠돌며 존재하는 계시와 마주치곤 하는 사람들이 주를 이룬다. 거리에는 황무지에서는 볼 수 없었던 맑은 꽃 무리가 야생과 손길의 균형을 이루며 피어 있다. 연회색 포장도로는 거친 곳 없이 부드럽게 덮였고, 땅 아래서는 열차 엔진의 고동이 멀어진다. 평지는 너르고, 오르막은 완만하며, 야트막한 인공 연못에서 조화로운 높이로 분수가 번갈아 쏟아지는 공원 주변을 이름을 들어 봤을 리 없는 수목이 정갈하게 둘러싼다. 그 너머 한순간 온통 황금빛으로 물들었던 바다에는 석류알을 흩뿌려 놓은 것처럼 찬란한 노을의 광휘가 번져 나간다. 잔잔한 파도는 시간의 눈으로 본 사막의 단면과 같고, 그림자는 부드러운 능선에 모래가 넘듯이 바람이 불어가는 방향으로 빛과 함께 굽이친다. 이런 지형은 사람이 살 수 있으며, 사람이 살기 위해 존재한다. 그렇게 번영해 온 이 땅은 이변에 취약하다. 그러므로 나는 더 말하지 못하고 입술을 달싹이는 수밖에 없다. 환각이 세계를 덮어씌워 경계 없는 신체를 진원 삼아 사방으로 흘러 적신다. 온전한 도시를 가로지르는 균열이 그물 치는 잔가지처럼 뻗어 나간다. 태양이 격노하고 불사의 바다에서도 성벽처럼 파도가 무너진다. 거울처럼 단정하던 뭍의 선분들이 쩍쩍 갈라지는 소리와 함께 구조를 잃어 충돌하는 지점마다 흙먼지를 일으킨다. 나는 당신에게 구태여 이곳의 애정 어린 조화를 한순간에 붕괴시키는 부정한 가능성에 대해 알리지 않는다. 담수에 바닷물이 섞여 들고 암석처럼 대지가 깎아지르며 부드러운 손바닥을 내어주던 자연이 더는 인간에게 순종적이지 않을 순간에 대해 함부로 발설하기에는 내게 주어진 시간이 너무도 짧게 느껴지는 까닭이다. 그리고 그 모든 일들이 일어나지 않는 대가로 내가 이곳을 알지 못하는 어둠 속에 영영 유배되어야 하는 수많은 버려진 세계의 갈래들에 대해서도 마찬가지다.

네 생명의 일주율이 머지않았으니
신 없이 인간으로서 환난에 거친 고삐를 물려
아름다운 종마로 삼을지어다

무풍지대

대양을 파도치게 하는 인력이여, 나의 가장 가까운 천체여,
이제 보니 나는 그곳으로 가기 위해 지어진 것만 같다.
그래서 나는 어깨에 짐을 둘러멘다, 그들이 나를 등 떠밀기 전에, 나만의 의지로, 자진하여.

나는 더 이상 노래하지 않는다,
만 번을 피는 꽃을, 만 번의 봄과 만 번의 여름을,
높아지는 파도에 떠밀려 가라앉는
허약한 희망의 선율을, 그의 퇴적을.

어디든 자그마한 불빛이 일렁이는 뭍에는 존재할 수 없는 완전한 어둠이 깊어만 간다. 성간의 어둠 사이로 수만, 수억의 항성들이 소리 없이 타오른다. 뭍은 하나의 태양이 거느리지만 이곳의 해안은 은하의 원반과 떠돌이 별들이 가로지르는 새벽 속에서 잿빛으로 헐벗은 채다. 이 바다는 태양의 반사상에 불과하다. 언제나 그림자로 형태를

이룬다. 햇빛 속에 먼지가 머물 듯 내가 닿은 이곳은 고요 속의 위성이다.

빛이 다스리는 푸른 행성과 불티조차 날리지 않는 이곳의 메마른 수평은 삼십팔만 하고도 오천 킬로미터쯤 떨어져 있다. 숨처럼, 춤처럼 되풀이되는 공전 주기는 닿을 수 없는 손끝처럼 중력으로 얽매였다. 암흑 속의 인력이다. 두 사람이 검은 천으로 눈을 가린 무대다. 관객 없이 숨죽인 무용이다. 초의 제곱당 열쯤 하는 부름이 하늘을 나는 것들을 땅으로 불러들인다. 이 가속도가 불가능한 만남을 향한 그리움인 줄 아는 이가 없다.

눈을 감는다. 고향은 모래처럼 무너졌고, 파도가 온다. 때 이른 재해가 흰모래를 짙게 적시고는 눈부시게 푸른 바다로 돌아간다. 찰나의 평화는 뭍을 따스하게 달군다. 그리고 다시, 파도가 온다. 작은 것들이 어김없이 흐트러진다. 흐트러지며 새로운 배열을 갖춘다. 발목에 족쇄를 찬 영혼들이 행렬을 이루어 모래 위로 나아간다. 메마른 분수처럼 뒤엉킨 가시덩굴이 그들의 걸음을 피로 상처로 붙잡는다. 하지만 그들은 멈추지 않는다. 그렇게 그들은 파도에 휩쓸리고, 결국에는 모래로 돌아간다. 시간과 문명이 흐른다, 그렇게. 삼십팔만 하고도 오천 킬로미터 너머의 일이다.

        파도가 높아진다
    나는 여전히 해안을 따라 걷는다

사랑이라는 착란, 모든 것을 불사르게 하는 광채. 그것이 이 불완전한 세상을 창조한 천부적인 힘이라고 믿은 적 있었다. 사랑의 치열한 맹목이 세계를 탄생시켰다고.
그러나 고독 속에서만 팔 벌려 맞이할 수 있는 진정한 소멸이 있다. 태초의 등대에서 우주의 가장 순수한 모습을 마주하면, 나는 수천 계단 끝의 머나먼 응시처럼 진실한 눈을 갖게 된다. 온기 없는 진실한 눈, 내가 감히 사랑보다도 바라 왔던, 진실한 눈을.

    불의 고리들이 별들로부터 소리 없이 터져 나온다
        영겁 이전부터 점멸해 온 휘광이
        암흑에 잠긴 외딴섬을 거쳐 간다

뭍에서 밤을 맞이하자면 칠흑 같은 무한 속 어둑한 이 위성만이 스스로 빛을 내지 않는 것만 같다. 영원이 흐르고도 이곳은 여전히 행성이 드리우는 그림자에 의해 피고 진다. 외롭고도 광활한 원양에서 홀로 깜박이는 등대처럼.

나는 처음부터 알았는지도 모른다. 이곳에서 무엇을 기록하게 될지. 무엇을 어디로 인도하게 될지.

언젠가 내가 원죄라고 일컬었던 저 별의 사랑이 지금까지도 델 듯하지 않을 리 없다. 그래서 그들이 태양 속에서 길을 잃지 않도록 나는 스물일곱 날마다 규칙적으로 공전하며 사철의 변함없는 단위를 이룬다. 목소리가 들리지 않고, 얼굴을 감쌀 수 없으며, 곧고 단단한 손을 잡을 수 없더라도 그렇게 한다.

사랑이 나를 영원한 고요 속으로 이끌었을지라도.

사랑하는 이들에게

축복으로 주어진 삶이 아닐지라도
꺼진 불씨가 남긴 재가 절망한 손끝을 더럽히는 날에도
삶이 기만하여 희망이 자취를 감추고
죽음의 온화한 바람만이 안락한 벼랑 끝으로 손짓할지라도
생명이 내내 찾아 헤맬 포옹이 소멸 속에서
다정히 기다릴지라도
사랑하는 이들이여
내 죽음의 모습은 온유로 나아가
더 이상 몰아치지 못하는 바람으로 살아가는 것입니다

II

해풍

눈을 떠 보니 오래 사랑해 온 찬란함 속에서 그는 이미 유령이었다. 까닭도 없이 거듭해 부활하던 서슬 퍼런 급류는 끝내 고갈되었으며, 희망을 잃지 않아야 한다는 사명은 빛바랜 메아리에 불과했음을 깨달았지만, 그는 계속해서 찾아 나섰다. 그렇게 그는 마침내 살을 에는 겨울바람이 부는 황폐한 절벽에 닿을 수 있었다. 견딜 수 없는 추위와 메마름, 검은 파도에 살얼음을 얼리는 머나먼 태양과, 칼처럼 깎아지르는 암초들. 그토록 사랑해 온 새 한 마리 날지 않는 그곳에, 모든 생기를 잃고 바다를 향해 굽은 채 숨 거둔 나무 아래 앉아, 그는 진정으로 그리워하는 것들을 힘겹게 세어 보았다. 모두 희미한 흔적뿐이었다. 풍요도 거짓도 없는 곳에서 무엇이 살아남을 수 있을지, 끝없이 빛나는 서리 벌판의 황량함, 대지의 거친 호흡 소리, 이 헐벗은 광활함마저 제풀에 흩어지지는 않을지. 주인 없는 바람과 그 사이의 고요하면서도 절대적인 무관심을 그가 알고 있을지라도.

빛 속에서 I

이는 절대적인 깨달음 중에서도 가장 엄밀한 전반부에 속한다. 어둠 속에서 태어났기에 잡을 수 있었던 어느 공중 속의 사실이다. 당신이 볼 수 있게 된다면, 타고나기를 볼 줄 알았던 이들과는 다른 세상을 보게 될 것이다. 신에게 축복 받은 예언가의 신탁을 누구도 믿지 않았던 것처럼, 누구도 당신이 본다고 말하는 것을 믿지 않을 것이다. 그러나 당신은 선택한다. 당신에게는 빛으로 향하는 인력이 있다. 눈을 뜬 동안 태양은 금기지만, 당신은 상관없다고 말한다. 바람이 불고 어스름한 빛이 스민다. 당신은 빛의 이빨이 자라고, 발톱이 두렵도록 생장하는 모습을 지켜본다. 그렇게 당신은 새로운 계명을 깨닫는다. 태양은 독재한다.

빛 속에서 Ⅱ

어떤 방도로 우리의 역사를 입에 올릴 수 있을까? 단지 살았다고 말하는 것으로는 우리의 일부조차 담지 못한다. 나의 벗은 빛이요, 우리는 영혼이고, 나는 가장 낮은 곳에서 화염을 지피되 어느 거룩한 명부에 새겨진 그와 나의 이름이 현재에도 나란함을 의심치 않는다. 질서와 무질서를 아우르며 우리에게는 각자 주어진 자리가 있었다. 아니, 있다, 죽음은 들으라. 이 기록이 일평생 그대의 총애를 산 한 희생양의 것으로 읽힐 리가 없겠으나, 나는 그대의 복속이기 전에 단 한 번 진정으로 세례를 받았으며, 그때 나는 내가 오늘날 거듭난 암흑의 종자가 아닌 한 명의 인간이었음을 알아라. 그때야말로 위대한 한때였음을 내가 잊은 적 없으니 길의 끝이 가까워짐에 따라 이렇듯 반동하는 일이 어찌 그대 눈에 이례적일 수 있겠는가. 무서운 상실을 거쳐 태초로 돌아가는 이 길목에는 최후의 단계로서 빛과 어둠의 결합만이 남았다. 그러니 죄의 검은 발자국이 길게 늘어진 내 시간의 끝에서 내가 꺾임을 모르는 절대자 죽음에게 고하는 나의 마지막 소망이라 함은 다름 아닌 인간으로 죽는 것이요, 인간이 아닌 것으로 살아왔음에도 불구하고 인간으로 죽는 것이다. 나는 검은 피와 타오르는 악정을 그대에게 참회하지 않는다. 나의 생명을 모두 합한 것보다도 맹렬한 빛 속에서 거두어질 수만 있다면 그 결말로 충분하다.

사랑을 등지며

영원한 폭우가 아니라면
이 공터에 향내라도 드리우려
한 뼘씩 열어 두던
저편의 머나먼 추위가
나를 부르네

비석도 없이 잊힐 또 하나의 탄식과
가려는 곳 같으니 석상들이여
응답 없는 사랑의 형상들이여
감쌀 도리 없는 뒷모습이여
혹독한 소망들과
허물어진 터전을 기리기 위하여
더불어 탄생한 헛것들아
두려웁게 떠나자꾸나

처음부터 알아 왔던 것처럼

이방에서 거두어질 목숨이기에

살아가는 법을
무얼 위해 깨달으려, 삶에 가까워지려 했거늘
여전히 꺼져 가는, 여전히, 아, 꺼져 가는 이 숨을
느리게, 느리게 내뱉기 위해서는
더, 더욱 머나먼 저 너머뿐이니, 이곳조차
누군가 살아 본 마지막 변경일진대

이후에도 그리고 먼 이후에도
아무도 살지 않으며
더는 남길 말 없을 저 먼 길 너머
저 머나먼 너머가 또다시
거듭해 부르는 소리 들려오니
이 한 숨 그 길 위에서
거두는 순간에
그때의 추위에 평화 없으리

날개를 펼치는
야생 백조와, 떠도는 아름다움
한때의 풍요, 한때의 격정과 찬란하던
지고여,

최후의 사랑을 잃기까지 삶을
일으켜 온 분노에 경의를 삶과
동행해 온 슬픔에 경의를 끝내
거듭하던 부활이여,

가시밭길 위에서 춤추던 맨발과
부르튼 박애와 여전히
빈터에서 피 흘리는 사랑과
영영 등지게 된 축복이여 이제는,

우리가 먼 곳으로 가리니 이 한 생
기쁨을 제하고는 모두 가져 보았으니
나 죽은 후에도 기적 없으리

고요 속의 짐승 I

비가 내린다. 최초의 소리가 쏟아진다.
그 사이에 야성적인 허공이 있다.
쏟아져 내리는 빗속에 함께 있다.
섬뜩한 틈새에서 숨 쉬는 허공이 있다.
그리고 고요 속의 짐승이 틈새에서 비틀거리며 태어난다.
빗속에서 우거지는 소리가 생명을 축복할 때
침묵의 야성적인 허공도 그곳에 있다.
매 순간 지상을 떠나간 삶들이 허공 속에서 쏟아지면
빗발 사이의 침묵이 젖을 줄도 모르고 내린다.
고요 속의 짐승은 쏟아지는 허공을 맞이한다.
그는 기도한다.

고요 속의 짐승 II

그는 자신을 두려워하는 법을 배우고, 스스로를 옭아매며 자신 안에 들끓고 있는 검은 피가 세상 밖으로 조금이라도 새어 나가지 않기를, 거친 벽에 등뼈를 붙이고 물어뜯은 손톱으로 살갗을 긁아 내면서 일평생을 인내했다. 아주 희미한 음향에도 쉽게 공명하는 유리 같은 피부 아래서, 세상과 자신을 가로지르는 그 얇고 섬세한 한 겹이 산산조각 나지 않도록 몸을 떨면서, 경계하는 짐승은 빛을 기다리며 어둠을 응시했다. 그는 침묵이라는 소재로써 탄생할 수 있는 가장 정교한 축조물이었다.

예언 I

불가능한 정경이 예감을 지저귄다
파도가 떠나가는 해안을 축복한다
불변의 명사와 생명의 동사가
깜박이며 비에서 태어난 송가를
부른다, 현실과 망각과 사후는
서로 같다고
여위어가는 고통과
죽음과 강물은 서로 같으며
허리까지 차오른 들풀, 그리고
그곳의 바람은 같다고
아름다움은 맞은편에 살고
이편에는 고요가 심원하다
물새가 낮게 나는 허공을 타고
내용 없는 동작들의 조화가
들려온다

시신은 새들의 몫이다

예언 Ⅱ

어느 날 그는 그에게 가능한 수많은 죽음을 한곳에 펼쳐 두고 깊은 고민에 빠졌다. 그리고 그중 가장 그의 심장에 진실해 보이는 하나를 택했다.

그렇게 하고 보니 깨달을 수 있었다. 그 이전에도 많은 스승들이 같은 선택을 했으리라는 것을, 이 앞으로도 같은 선택을 할 제자들이 많으리라는 것을.

그리고 무엇보다도 살고 죽을 운명을 지닌 자로서 자신에게 가장 어울리는 죽음을 골라 입을 수 있는 것보다 큰 행운은 없으리라는 것을.

예언 III

이 마음은 생명이 살기에 너무도 끔찍한 곳이나
그 덕에 당신의 뺨이 그을린 이유를 알 수 있다
어떤 악몽으로부터 깨어났는지 묻지 않아도 된다

예언 IV

폭우 속에서 태어나
업화에 사로잡힐 때까지
화염이 생명을 섬길지니
우리가 분노해 울게 되리라

슬픈 꿈 I

어젯밤, 어디에도 없는 곳에 가 닿았다
창조되고 탄생하는 영원 속에서 쉬고, 걷고,
별 위로 깃털처럼 어둠이 내려앉으면,
나는 그를 시간이라고 불렀다
그리고 그 중심에서
여러 개의 물줄기가 신화 속 물푸레나무처럼
한데 모여들고 있었다
그 강변을 따라가면 무엇을 보게 될지
그곳에서 우리는 무엇이라 불리게 될지
불을 훔치는 행위의 의미에 대해 들어 본 적 있다
그 대가 또한
하지만 잃어버린 것들이 본래의 모습으로
돌아가는 곳이 있다면
우리가 그저 한없이 순수한 생명력으로 충만할 수 있다면
내가 돌아갈 곳이 내가 비롯된 곳과 다를지라도
영영 잠들어 도착하게 되리라

슬픈 꿈 Ⅱ

울 수 있고, 멈출 수 있고, 거짓이 필요하지 않은, 서로 신중하게 말을 고르는 모습을 사랑할 모든 시간이 있는, 비난하지 않고도 숙고하고 믿을 수 있는…

나그네

언젠가 악의 열기가 빌렸던 육신을 지고 저 먼 곳으로부터 비롯된 그는 말했다, 기적처럼 번뜩이는 금빛에 대하여, 매가 비상하듯 되살아나는 부활에 대하여, 그들이 멀리 날기 위해 어떻게 무수한 사랑들을 덜어내었는지, 겨울을 나기 위해 일찍이 죽음을 두려워하였는지, 지극한 사랑의 찰나에 몸을 떨어가며, 태양을 향해 눈을 감듯 사무쳤는지,

그리운 모습으로

해명할 수 없는 은빛 벽 뒤편으로
세계가
정적처럼 안장되었다
일생의 대화는 허공의
먼지처럼 날고, 슬픔은
제 무게를 가누며 가라앉는다
그리움이 일생만큼 길다
마지막 순간
다 자란 슬픔을 짐 지워 보내리라
소리는 지상에 머물고,
삶은 떠나가고…

천사의 등

둥그런 무덤이 따스하게 말린 몸 위로 피어 있었지
부드러운 풀잎에는 눈물처럼 이슬이 흐르고
나는 머리털을 빗겨 주었다 상심한 마음이
평화를 되찾을 때까지 그러나 예감에는
끝이 없었고 사랑은 저편으로 이끌려 떠나가네
흙먼지 더듬으며 흐느낀다 뺨 대고 흐느낀다
나 이 겨울에 따라가리라

창세

영혼이 진리를 허물게 될 것이다. 우리의 정신은 지도 밖의 원양을 닻도 없이 항해하였고, 때때로 이곳에 닿기 위해 사랑을 파도 속으로 던져 버리기도 했다. 하지만 셀 수 없는 희생의 끝에 닿은 이 향기로운 땅에서마저 진리는 흰 가면으로 얼굴을 가리고 살아간다. 하지만 나는 안다. 영혼이 사는 정원 끝자락에서는 육신의 때가 시작되어야만 한다. 그건 많은 이들이 원하지 않는 풍요의 형상이다. 소리의 틈새에 섬뜩한 공백이 끼어들고, 톱니들이 엇물리며, 난생처음 고통에 차 숨죽이고, 진실을 알리지 못하고, 겨우내 목숨을 부지하게 될 것이다. 하지만 나는 가끔 꿈을 꾼다. 그 꿈에서 나의 육체는 옷가지를 걸친다. 걸친 옷가지는 온통 기적과 찬란으로 부풀어 오른다. 애절한 탄식과 구슬픈 정경이 봄날의 흙처럼 되살아날 때, 새들이 나는 허공 너머로 귀를 기울인다. 들풀과 바람이 허리까지 차오른다. 철새가 낮게 나는 허공을 타고 세계가 들려온다. 시인들은 비에서 태어난 송가를 짓는다. 연인들은 지극한 사랑의 찰나에 몸을 떨어 가며 눈을 감듯 사무친다. 그러면 나는 천천히 깨어난다. 이 얼마나 아름다운 꿈인가, 슬퍼하면서.

원양으로부터 I

젖은 몸을 이끌고 도착한 백사장이 무엇의 고운 입자인지 안다면, 귀향하는 뱃길에 버티고 선 공포의 눈에 띄지 않기 위해 내가 얼마나 먼 길을 돌아야 했는지 당신도 이해할 터다. 항구에 닿자 굽이치는 시린 수면과 천공의 어둠 사이로 마침내 밀려드는 지상의 질서를 착각할 수 없다. 도시에 가까워지면 소리와 향기만 남아 부유하던 만물이 간밤에 벗어 놓았던 제 육신을 맞이할 채비를 갖춘다. 새들이 공중에서 숨을 거두듯 지나치게 무르익은 과실이 더운 비옥토에 툭툭 굴러 썩어 가는 태양의 절기가 그새 지나고 노도의 계절이 가까워졌다.

원양으로부터 II

나는 비에서 태어난 코리반테스들의 송가가 주인 없이 떠도는 아름다움의 일부이며, 잃어버린 것들이 으레 그러하듯 뭍으로 떠밀려와 우연한 계기로 발견되었을 뿐이라고 생각한다. 그들이 돌아갈 수 있는 곳에서 출생하였겠는가. 바다에서 온 것들이 비석을 세우겠는가. 새겨지는 이름도, 평생에 목소리 하나 없이, 눈뜬 채 흩어지는 것들 중 몇이 실향을 슬퍼하는 한편 자신이 발견되었음을 기꺼이 여겨야만 하는 모순된 처지에 처하겠는가.

원양으로부터 Ⅲ

당신의 체열과 그 따스함의 본질적인 거절에 익숙해지는
삶의 양면성을 포용한다

원양으로부터 IV

서럽고도 경건한 이곳이 세계의 중심이 아닐 때 우리는 얼마나 자유로운가, 영혼들은 서로 얼마나 닮아 있는가. 필멸로 이어 붙인 나의 사랑은 다른 길 잃은 영혼들과 함께 지상을 헤맨다. 동녘을 물들이는 화염 빛이 곧 어렴풋한 나를 거두어 가려는데, 우리는 산산조각 난 나의 영혼을 품에 가두어 무엇을 비추어 볼 것인가. 우리가 죽지 않는다면 치르게 될 불사의 대가를 우리가 상상할 수나 있을 것인가. 거짓 없는 오전의 시린 공기가 양팔을 감싼다. 지금은 용서해야 할 죄악이 없다. 그것들은 깊은 새벽을 거쳐 부드러운 재만을 남겼다. 어떤 식으로건 순수한 악을 죽음의 잠재적 본질로 정의하려 들 때, 우리는 다름 아닌 이 시간에 순간의 영원함, 삶의 분명함, 어둔 일생 중 이때까지 행해 온 죄의 삯을 잠시나마 사면받는 평화를 찾을 수 있다. 우리가 이따금 악의 열기가 빌린 육체처럼 보인다 할지라도, 태양 앞에서 눈멀지 않기를 바라는 이상 누가 우리를 탓할 것인가. 나를 완전히 불태우지 못한 원양을 기억한다. 주인을 섬기지 않는 예리한 풍랑이 사물의 경계를 허물어 가며 작열했으며, 나는 이후에도 이어지는 삶을 거부하지 않았다.

원양으로부터 V

빛은 점점 차오른다. 뺨을 적시고 시간으로 물들인다. 비가 내리듯이, 비가 내려 모든 삶과 대지에 일체를 부여하는 것처럼 끊임없이 흘러내린다. 예정된 나의 무수한 죽음들과 희게 사라지는 추억들을 뒤로하고 만물이 깊은 쪽빛 아닌 본연의 색채를 되찾는다. 금빛으로 주름진 수면 위로 바다새가 낮은 비행을 시작한다. 날개가 파도에 스치면 암초에 포말이 높이 부서진다. 하늘에 가득하던 구름 무리가 태양의 옷자락에 스며든다. 나는 그 과정에서 달군 쇠의 끝자락만이 발할 수 있는 인상적이고도 오묘한 열기의 연속성이 지금 이 순간 천상에서 대양의 너머까지를 얼마나 닮아 있는지 깨닫는다. 삶은 정지 속에 담을 수 없으며, 자연은 본성에 따라 유동하는 곡선 위로 빛을 드리운다. 내용 없는 동작들의 조화가 거듭해 움튼다. 사유가 완결되기 전에 스치고 지나가는 준마의 갈기처럼 해풍이 생명을 싣는다, 해풍 속에서 우리가 자유로울 것이다. 망각한 것과 경험하지 못한 것, 미리 보이는 불행과 이후의 가망 없는 정적은 더는 중요하지 않다. 일출과 함께 시간의 원근이 되살아난다. 이 순간 육신은 다른 어떤 존재의 일부가 아니다. 죽음은 멀리 떠나 동행도 말소리도 이 영원을 해치지 않는다. 꿈이 사라진 한때의 묵념처럼, 선명한 시간의 복판에서, 이 순간 이 자리에서 분명한 삶을 느낀다. 세계와 영혼 사이를 가로막는 연무가 완전히 걷힌 이곳이 어떤 신의 가호도 받지 않는 나의 성역이다. 기쁨을 가로막는 예감이 없을 때 진실로 고요해지는 아름다운 무의미에 어찌 신이 얼굴을 비추겠는가, 어찌 신이 음성을 부여하겠는가, 어찌 신이 환희를 쏟아내겠는가. 다만 파도 소리가, 먼 파도 소리가 바다새 나는 허공을 타고 들려올 뿐이다. 광명의 무한한 색채가 먼 곳으로부터 파도를 끊임없이 물들이고, 나는 불완전한 어둠, 끊임없이 태동하는 박명의 등불, 격앙되지 않은 화염의 인도와 심원하고도 고요한 안식을, 모든 과업이 끝난 먼 곳에서의 재회라도 되는 것처럼 고요하게 받아들인다. 마침내 나는 우리의 불멸을 믿는다.

시선이 마주치다

허상이라 치부되는 그곳으로부터 비롯되어 사방에서 들려오는 현세로부터 거절당하는 당신이여, 광기는 나눌 수 없다는 명령이여, 부정당한 행간만이 혈관을 타고 흐른다는 고독이여, 육신의 내면으로 파고드는 악독한 구설수의 미궁을, 당신은 일평생 걸어야 했다. 병증이라 불리는 정신의 생장이 이성에 굴복하는 날을 당신이 바랄지도 모른다. 군림하는 현재를 차단하면 정신의 부속품 하나하나가 손아귀에서 상세하다. 층층이 촬영된 설계도를 가느다란 실로 엮어 존재하지 않는 기둥을 차례로 세운다. 내리지 않는 장마가 음계를 자처한다. 그곳에서 모음은 뜻을 훼손하고 유기된 자음군은 힘을 잃는다. 성대의 주름마다 기호 없는 말소리가 벗겨진다. 당신은 이름 없는 세계에서 떠밀린 존재들이라면 모두 갖는다는 이 방황의 질환을 오래 앓아 왔다. 당신이 탄생한 땅에 대한 증언의 무효성은 타국이 이방인들에게 부여한 형벌의 일부다. 당신이 본 것을 배반하지 않는 이가 없었다. 당신은 끝없는 수심을 얇은 천으로 가벼이 덮어 두고 평화를 사는 사람들을 의아해했다. 꽃을 예찬하는 군중 속에 당신이 설 곳은 없었다. 그러니 잔재하는 인간성을 걷어내서라도 당신은 소문 없이 사라질 것이다.

마라의 죽음에 대하여

예술의 선전적 속성에 대해 이야기할 때, 루이 자크 다비드의 작품 〈마라의 죽음〉는 대중적인 예시다. 자코뱅의 당원이자 강한 영향력을 쥐고 있던 마라의 최후를 승화한 이 그림은, 당대에 불러들인 파급력에도 불구하고, 결코 사실적 근거들을 위한 박물관의 단상에 오를 수 없다. 도구적인 신성이자 의도된 조작이기 때문이다. 갈비뼈를 두 차례 찔려 살해당한 시신의 고요한 얼굴과 미화된 인상, 깨끗한 살결과 손에 든 편지, 편지 속 조작된 단어들, 영웅을 안아 올리려는 듯 화면의 우편으로부터 손을 뻗어오는 빛, 그리고 비석처럼 조의를 갖춘 작가의 서명까지 모두 실제의 정황과는 무관하거나 오히려 그에 역행하는 표현들뿐이다. 성자의 껍데기에 명민했던 추남을 덧그려 그에게 종교성을 부여한 이유는 단지 동료의 추모로서뿐만이 아니다. 마라의 죽음이 파리에 부어진 기름이었다면 그림은 횃불이었다. 그림은 앙투아네트의 처형일에 루브르 정원에서 최초로 공개되었으며, 이후에도 대중이 볼 수 있도록 파리 시내 곳곳에 전시되었다. 시민들은 혁명을 위한 순교의 현장을 자코뱅의 눈을 통해 보았다. 그러므로 분노했다. 왕당파를 겨냥한 분노로 정당이 몰고 온 피바람을 은폐했다. 시민들은 열광했고, 적들은 빠르게 처형되었다. 6개월 전 겨울 국왕의 목이 잘렸던 당시 가까스로 생존했던 이들도 이번에는 죽음을 피해 갈 수 없었다. 작가에 의해 삭제된 연결고리는 그의 의도대로 간과되었다. 자코뱅은 시민을 위한다. 자코뱅은 시민을 위한 선언문을 읽는다. 그러나 시민들이 볼 수 없는 곳에서는 같은 의도를 지닌 혁명가들의 죽음이 남자들의 구두 아래 쌓여 갔다. 그러나 마라를 암살한 이는 정작 그림이 효과적으로 공격한 왕당파인 적 없었다. 그녀 또한 혁명가였으며, 그중에서도 독선적인 자코뱅에 의해 많은 동료를 잃고 이상의 벼랑에 내몰린 지롱드파의 혁명가였다. 여성과 다른 약자들을 시민이라는 정의로운 무리로부터 배제하고, 정치적 이견을 제시하는 자는 그 정당성과 관계없이 모두 사형에 처하던 자코뱅의 권력자를 두 번 찌른 코르데는 나흘 후 처형되었으나, 결코 거리에서 큰 소리로 언급되지 않았다. 그녀가 드레스 속에 숨긴 연설문 또한 재가 되어 사라졌다. 이러한 경황을 효과적으로 조작하여 자코뱅에 날아들 수 있었던 많은 화살을 실제로는 사건과는 무관했던 왕당파에게로 돌린 다비드의 그림은 이후 마라가 아닌 코르데를

화면의 중심에 두는 작품을 포함하여 많은 예술가들에 의해 변주되었다.

산 마르코 대성당에 대하여

건축은 구조화된 권력과 욕망이다. 시대의 정복자가 백성들의 충분한 땀과 피를 들인 쉼터를 얻으면, 그곳은 대개, 건물이 헌정된 자의 명예가 추후 역사가들에 의해 악덕으로 얼룩진다 하더라도, 성소라는 칭송을 잃지 않는다. 베네치아의 산 마르코 대성당 또한 그러한 이중성의 주역 중 하나다. 교황청이 이 성당의 주인이다. 마가의 유체를 봉납하기 위해 건설된 교회당을 재축조한 흰 석조 외관은 상상할 수 있는 모든 중세 양식의 결합이다. 다섯 개의 아치형 입구는 한 인간의 신장을 훌쩍 뛰어넘는 장엄한 크기에도 불구하고 전혀 간과된 곳 없이 비잔틴 풍으로 한 뼘마다 조각되었다. 방문객이 양각으로 수없이 줄지어 각자의 역할을 수행하는 대리석 기사들, 성인들과 그의 추종자들을 지나 기둥과 돔의 섬세한 연결부 너머로 발을 들이면 그는 높이로 오십오 미터, 지름으로 삼십 미터에 이르는 거대한 돔과 그를 지탱하는 묵직한 펜덴티브가 이루는 웅대한 반구형 공간에 압도된다. 뿐만 아니라 빛은 물질을 녹여 추상과 맞닿게 하는 성질을 지니는데, 많은 이들이 신의 손아귀에 올랐노라 노래하는 이곳의 돔과 펜덴티브 사이를 원형으로 둘러싸 각각 아치형으로 높이 뚫린 사십 개의 채광창에서는 희고 화려한 태양 빛이 풍요의 뿔을 천상의 광야에서 기울인 양 물밀듯 넘쳐흘러 천장과 천상의 경계를 흐린다. 그로부터 충분히 시간을 들여 시선을 내리면 당신은 개수를 가늠할 수 없는 색유리 창문과 상아색 발코니에 포위되었음을 깨달을 수 있다. 청동 말, 사라센 식의 황금 돔과 혹이 달린 첨탑 또한 눈에 들어온다. 황금빛 곡면마다 창조와 죄악, 부활과 사도들의 이미지가 색 대리석과 유리 모자이크로 장식되어 있으며, 시야를 아득히 넘어 굳건히 선 대리석 기둥은 각자의 색과 무늬를 지닌다. 이를 전부 감상할 때까지 오래 머문 영혼에게 빛으로 축여진 토양에서 싹을 틔우고 나선형으로 자라나는 내면의 송가는 이성만으로 감당하기란 거의 불가능하다. 그러나 건축부터 장식까지 신의 사자인 이들은 대개 전쟁의 노획물이다. 이는 대개 묵살되는 사실로, 기도하는 사람들을 위한 목조 장의자에는 좌석마다 피를 닮은 붉은 방석이 깔렸다.

보복

세계에 만재한 모든 선행과 악행은 천상이나 지하의 의지가 아닌 바로 이 지상의 인간으로부터 비롯된다. 그러므로 우리들의 탐욕, 생명에 대한 무감각, 가책 없는 행동, 즉 악의 단순성이 내게 불러일으키는 감정이 있다. 악은 악으로부터의 자유가 베풀 수 있는 것들에 비하면 한낱 잿더미에 불과하다고 나의 벗들은 내게 당부하곤 했지만, 그토록 무고하고 아름다운 짐승을 해한 자들이 어찌 저주를 피해 갈 수 있을까. 내가 나의 벗들을 덜 사랑했더라면 나는 그자들에게 내 벗들의 피를 마시게 했을 것이다. 그러나 나는 오늘도 나의 벗들이 지어 올린 가치를 수호하기 위해 살을 깎는 고통을 감내한다.

창 27:3-4

그런 즉 네 기구 곧 화살통과 활을 가지고 들에 가서 나를 위하여 사냥하여 내가 즐기는 별미를 만들어 내게로 가져와서 먹게 하여 내가 죽기 전에 내 마음껏 네게 축복하게 하라.

조금 다른 이야기를 해 보자. 말하자면 이런 미담도 아닌 것이 어떻게 성서에 기록되었으며, 어떻게 독자들을 오도하느냐 하는 뻔한 쟁점보다도, 우리는 누구의 핏줄을 이어받았으며, 축복은 결국 무엇을 뜻했냐는 것 같은 이야기를. 사로잡아야 하는 것이 사슴이라 생각하여 피 냄새 같은 것을 풍기며 돌아온 어리석은 아들에게 어떤 권리를 계승할 마음이 들었겠으며, 결국 더 노련한 사냥꾼이 누구인지는 처음부터도 자명했다는 이야기를. 결국에는 차남의 혈통이 살아남았고, 용맹은 한철의 자질이다. 사람들은 지금도 함성을 지르며 선두에서 무기에 꿰뚫리는 영웅들의 무용담을 사랑한다. 그러나 우리는 안다. 그보다 흥분되는 음해와 공작의 이야기가 언제나 무대의 뒤편에서 도사려 왔고, 그것만이 음지에서 이 지상의 역사를 이끌어 왔다는 것을.

탑에 대하여 I

시초, 빛과 열과 팽창과 힘과 물질과 파동. 상수와 공전의 나선과 원주율의 무한소수. 광속과 파섹, 중력, 역장과 원시 항성의 죽음. 폭발의 끝에 날개를 펼치고 회전하는 거인의 유해. 역동하는 심장의 절대적인 암흑을 휘감으며 타오르는 빛의 폭풍. 허수와 이면과 비존재가 산출한 원반의 헤일로. 미리 알고 예비된 영원한 허무, 그 지고의 정적.

탑에 대하여 II

　세계와 역사의 본질은 과거로 미래로 이어지는 화염의 끊임없는 계승이며, 사람으로서 한 생애를 살고, 그 찰나의 순간 함께 거니는 이들과 하나의 역사를 세워 가는 일에는 탑을 쌓는 방식과도 비슷한 면이 있다.

　탑의 뿌리에 가까운 층들은 의지가 없는 규범이자 법칙, 이상의 영역에 속하여 다분히 무목적적이고 무기질적이었다. 우리는 주인 없는 시계의 태엽이 감기는 것처럼 우리의 의지 밖에서 순환하는 영원과 무한을 보았다. 그리고 알 수 없는 계기에 따라 개념으로부터 물질이 탄생하기 시작했다. 빛이 있었고, 어둠이 있었다.

　우리는 탑을 올랐다.

　그리하여 탑의 이어지는 층들이 갈수록 풍요로웠다. 창밖의 풍경은 파도와 번개, 바람과 폭포, 화산과 빙하 등 맹렬한 자연의 순수한 역동으로 채워졌다. 우리가 헤아릴 수 있는 것보다 아득히 먼 과거의 모습이었지만, 우리가 기억하는 모습과 다르지도 않았다.

그리고 조금 더 오르자, 생명의 시대가 시작되었다. 들풀과 야생마들은 우리가 영혼의 심부에서 목격하곤 하는 생명의 견딜 수 없는 근원적 형태와는 전혀 다른 방식으로 낮과 밤 속에서 생동했다. 그와 동시에 우리가 지나온 나선형 계단 아래로 검은 물이 차오르기 시작했다.

그리고 사람, 사람이 있었다. 언어가 주어진 그들은 하나둘 모여들어 마을과 도시를 지었다. 우리는 보고 들었다. 사람들이 처음으로 사랑에 대해 말하고 있었다.

우리는 계속해서 올랐다. 원형 벽면을 따라 난 아치형 창문들은 점차 우리에게 익숙한 모습을 보여 주었다. 자연의 풍광이 여전한 가운데 점점 그 수를 늘려 가는 사람들은 전쟁과 종교를 발명해 냈다. 수많은 도시와 국가들이 번영하고 몰락했다.

검은 물이 차오르는 속도가 빨라졌다. 부르트고 갈라진 검은 수면이 우리를 집어삼키려는 것처럼 발뒤꿈치를 따라잡기 시작했다. 검은 바위를 녹여 낸 것 같은 파도 위로 죽음이 떠다녔다. 한때 사람을 이루었던 것들이 낯설고 두려운 모습으로 뒤섞였다. 그리고 우리가 아는 세상이 탐닉의 대전을 치르기 시작했을 때, 우리는 범람하는 검은 물에 쫓기듯 층계를 뛰어올라야 했다.

허파와 심장이, 혈액과 혈관이 없어 아름답기만 했던 탑의 곳곳에 지나치게 많은 상실이, 지나치게 많은 죽음이 스며들기 시작했다. 살해당하고 잃어버린 이들의 비명 소리, 배신과 변절, 의로운 분노와 처참한 실패가 새로운 벽돌이 되어 쌓일 때마다 우리가 오르는 탑 또한 함께 높아졌다. 위를 향할수록 탑의 벽에 보이지 않던 균열이 드러났다. 계단을 건너뛸수록 균열의 크기는 기하급수적으로 제 몸집을 불려 갔다. 그리고 우리는 탑의 불길한 노랫소리를 듣게 되었다. 그것은 지난 것들의 합창이었다.

악의 여명 I

첫 번째 날이 채 저물지 않은 생명의 대양은
온통 솟구치는 화염이다
그러나 우리 죄인들이 천상을 향해 타오르는
화염의 본성을 악이라 규정하겠는가, 나는 보아 왔다
우리는 고통 속에서 열기의 인도를 따라 고개를 든다
만물이 타오르듯 풍요롭다

악의 여명 II

격정의 언어를 타고나 슬픔을 바라던 짐승이 피 흘리며 날 뛴다 미친 눈에는 천국이나 지옥이나 눈도 뜨지 못할 정도로 뜨겁기는 매한가지다

무참히 꺾일 줄만 알았던 야성은 폭풍우 속에서 불멸을 선고받았고 그는 천둥의 심박을 지녔다 해풍 속 낮게 울리는 북소리 숲을 뒤흔들며 멀리 짖는 붉음도 그를 실종과 적막으로 인도할 수 없다

오히려 그와 함께 태어나고 살아가는 그릇된 음정들이 피와 살과 뼈밖에 없다면 그것을 바쳐 미풍을 태풍으로 공허를 공간으로 허무를 끌어내 창조로 풍요로 승리를 알릴 것이다

죽음은 무수한 색채일지언정 육중해서는 안 되노라 울며 노래하며 그가 가장 사랑했던 벌판에는 어지러진 외침 같은 바람이 불었고 벌판의 거친 침묵과 함께 태어난 그는 태양을 똑바로 들여다보고도 살아남았다

착란이 기어이 홍수를 일으켜 겨울에는 맨발로 방황했

고 언젠가는 떨어지는 태양을 따라 절벽에서 몸을 던졌다
그곳이 그가 태어난 곳이었다 빛과 유리에서 화염과 광야
에 이르기까지 그는 가쁜 숨을 쉴 때마다 뼈를 에는 고통
을 통해 세계처럼 부활했다 가장 사랑하는 그 벌판 위에서
 그가 매료되었던 순수를 이단의 노래라 매도하던 자들
을 기억한다 그러나 생명의 적의는 축복과 같다 누군가 그
의 눈을 태양이라 부른 이후 그는 잠시 그늘에서 한 발을
내디뎠다 하지만 그는 이제 그를 기이한 방식으로 살려둔
빛의 목을 물어뜯어 숨통을 끊기로 그리고 남은 잔해를 주
둥이에 검게 묻히고 본래 그리해야 했던 곳으로 돌아가기
로 마음먹었다

IV

숨 메는 울음

하염없는,
하염없는 마른 바람 속에서
이 작은,
겨울 초입 홀몸으로 조용히
조용히 죽어 있던 작은 새를
묻어줄 곳 한데 없이
누구라도,
고문과 경멸이 되풀이되지 않기를
만질 수 없는 영혼의 흐느낌만을
두려움 속에서,
심장 가장 깊은 곳에서
하염없는, 하염없는 마른 바람을 안고
죽은 새를 품에, 시리도록 품에 안고
사랑하고 싶었던 이 무정한
세계와 바람 부는 벼랑 끝
해풍에 메마른 허약한 가지처럼

날개가 닳은,
작은 새를 묻어줄 곳으로
높이 자란 들풀과 가리우는 햇살과
절벽과 파도와
마른 바람과…

무덤가

주인 없이
환한 방 열리지 않는
환한 문
순수한 빛,
고요히 희어져 가는
사물들

창백한 낮

텅 비고 낡은 플랫폼에서 들려오는 과거의 잡음
누구도 해석하지 않은 신호들
버려진, 발견되지 못한, 존재하지 않는, 음각 속 실재들
마지막 사랑이 떠나는 겨울에
작은 소망 현재의 모든 것
나눌 이 없는 풍경들
시린 새벽의 풀잎,
향기는 무성한
탄식이 사라진 기차역에
전파가 전하는 비난과 그리움
영영 되감기는 공허한 찌꺼기 속에
일생의 전부가 소멸의 과정에 오른다
아침의 신성한 폭우마저
한때의 구절로 전락하듯이

비쳐 보이다

정교한 빛의 그물 사이로
현기증처럼 휘감기는 생명이
그리고 통찰이 주는 두려운 풍요가
새떼처럼 비상한다
과거와 미래의 음률과
주인 없는 화성학은
우연히 규명되지 않는다

시간의 십자가 위에 피어난 국화에게*

그림자조차 보이지 않는 무형의 도로 위
잃을 방향마저 없이 그저
사라진 채로 눈부신 아이들이
달린다 유골처럼 흰 초입방체 사이로
춤도 서풍도 잡풀 한 무덤도 없는 지상에서
시선의 기하학과 길의 끝 너머에 대해 말하는
그들은 관측되지 않는다 비조차 멈춘
여생이 말라붙는다 낮을 자처하는 태양의 위선만이
축복처럼 만개한다

---

* 예이츠의 시 〈시간의 십자가 위에 피어난 장미에게〉를 변주한 제목이다.

소리에 대하여

허공이 형상을 탐닉한다
조화가 그림자를 드리운다
야성적인 백색으로부터
음계가 제각기 흩어진다
초견의 정원은 함정으로 무성하고
오선에 걸린 적의가 화음을 겸한다

산하엽

저 하늘을 보아라
우리는 지상에 고립되었다
어둠 속의 향기 악기 없는 노랫소리가
저기에 있다
깎아지르는 빙벽 아래서 울려온다
몸이 납처럼 무겁고, 우리는 가야만 하고,
웅크린 망울은 이제
투명하다고 보아도 무방하다
그러니 누구든 이 육신을 한 아름 꺾어
저 지저로 흩뿌려 주어라

사랑의 일각만으로도 충분합니다

삶을 사랑하세요. 사랑에 빠진 이들의 머리칼을 흩는 마지막 바람이 불어올지라도, 위태로이 경청하세요. 어둠이 비추는 진실한 증언을 꼼꼼히 받아 적으세요. 여정을, 생명을, 불길을, 기억해 주세요. 피부에 밴 향기와, 말하는 목소리를 들어주세요. 너머의 수많은 빛과 행성들, 아직 알려지지 않은 법칙들을 찾아 헤매어 주세요. 그렇게 기다려 주세요. 바람 속에서 흐트러짐 없이, 당신을 부르는 나의 음성이 들려올 때까지. 우리에게 주어진 삶이 짧다는 예감과 함께 고개 들 날을 기다리면서. 우리를 앗아간 세계의 풀잎에는 여전히 무심한 이슬이 흐르겠지만, 다시 만나는 그날 우리는 처음에 그랬던 것처럼, 또 하나의 영혼을 발명하게 될 거예요.

축복받은 나의 친구에게

이제 내 숨도 얼마 남지 않았다. 요즘 언제나 생각한다. 나보다도 여린 마음을 가진 너를 내가 어찌 두고 가겠느냐고. 어떻게 그렇게 할 수가 있겠는가, 신조차 살지 않는 이 시린 땅에서, 잿빛 하늘을 향해 주인 없는 기도라도 올려 볼까? 하지만 눈을 감으면 내가 갈 수 있는 단 하나의 길이 보인 지는 오래고, 나는 몇 번이고 뒤돌아보면서도 어떤 조용한 부름에 이끌릴 수밖에 없음을 안다. 최대한 느리게, 천천히, 멀고 또 멀리, 내가 어쩔 도리 없이 사랑했던 이 세상의 소리가 더는 들리지 않을 때까지 나는 걷게 될 것이다. 그러니 때가 오면 나는 미소 짓고, 너는 울게 될 것이다. 나는 나의 눈물이 행여 네게 더 큰 아픔이 될까 오늘도 마지막 미소를 연습하고 있다. 네가 있는 곳에서, 사람들 사이에서, 네가 없는 곳에서도 나는 너만을 위한 부드러운 표정을 지어 본다. 맞잡은 여윈 손에서 온기가 사라지는 순간은 네게 아주 중요한 기억으로 남을 테니까. 총명한 너는 너무나도 빨리 올 그날로 몇 번이고 되돌아갈 수밖에 없을 테니까. 실은 나도 겁이 난다. 그래도 겁에 질린 모습보다는 평온한 미소를 보여 주고 싶은 마음에 나는 이 순간에도 영혼 한복판에서 동틀 녘 불티처럼 사그라지는 희미한 기쁨을 찾아낸다. 그러니 이 밤의 평화는 전부 네 덕분이다.

나의 잠든 얼굴 위로 흰 천이 덮이던 때의 너를 달래 줄 수 없었던 것이 지금까지 마음에 걸린다고 하면 어떨까. 슬픔으로부터 한 뼘 나아간 네게 말 붙여 보고 싶어서, 지금은 차마 할 수 없는 말들을 이 편지에 적어 남기고 싶다면 어떨까. 이런 모습으로 네게 말하는 나를 보고 부디 슬퍼하지 않기를 바란다. 내가 지금 네게 쓰는 것처럼 사랑과 생명만을 찾아 읽어내기를 바란다. 하지만 그렇게 할 수 없다면 거짓 없이 너를 살게 하는 네 떨림을 받아들여 주거라.

네가 살아가는 모습을 볼 수 있다면 얼마나 기쁠까? 지금 이 순간 느끼는 사랑은 천 년을 타오르고도 남거늘, 내게 박명처럼 남은 짧은 초가 야속하다. 너를 더 오래 보고 싶었다. 너와 더 오래 살고 싶었다, 믿어 주었으면 좋겠다. 사랑하는 사람아, 이 편지에서 네게 남기고 싶은 말은 거창하지 않다. 너는 지나치게 이른 때에 수많은 상실을 겪었고, 앞으로도 가슴 앓을 일이 많을 것이다. 쉬이 알 수 있다. 너는 내게도, 이 세상에게도 너무나도 특별하니까. 결코 평범한 삶을 살지 못할 것이다. 오해 마라, 네 마음을 힘들게 하려고 하는 말이 아니다. 너도 이미 알고 있을 것이다. 견딜 수 없는 울음이 있고, 어딘가 남들과 다르기 때문에 겪는 외로움도, 잊고 싶지만 도통 잊을 수 없는 기억들도, 아득히 먼 곳에 남겨진 듯한 낮들도, 살아남지 못할 것만 같은 밤들도, 돌이킬 수 없는 선택과 실수가, 끊임없이 너를 찾아왔고, 찾아올 것이다. 그리고 앞으로도 풍랑은 거세지기만 할 것이다. 파도처럼 쓰러지고, 무너지고, 그리워하고, 앎을 기뻐하는 너조차 이해하지 못할 무덤들에 비석이 세워질 것이다. 하지만 이 말이 위안이 된다면, 나 또한 진실로 사철 추운 바람이 가지를 뒤흔들고 불길이 누그러들 줄 모르는 일생을 살아왔으니, 내가 언제나 네 양손을 내 양손으로 덮어 눈을 내리감고 함께 견디어 주고 있음을 기억해 주었으면 한다. 그러니 나의 친구여, 오늘도 마음을 굳게 먹기를 바란다.

지금쯤 너는 어디로 떠났을지 궁금하다. 저 먼 설산 너머로 비상하는 강인한 날개가 되었을까, 혹은 슬픔을 아는 눈을 가졌을까? 아니라면 너를 보며 매번 소원하고 걱정했던 것처럼, 누구도 이전에 닿은 적 없는 곳까지 너무도 쉬이 날아올랐을까? 별들 사이의 희미한 우리로부터 아득하게 멀어져 버리고 말았을까? 혹시라도 돌아오는 길이 깊은 어둠에 감추어질 때면, 지금 내가 떠올려 상상하는 네 곁의 인연들이 언제까지고 너를 지키고 싶어 한다는 사실을 믿어 주어라. 나는 그들이 사뭇 다른 네게 베풀 평범한 순간들에 안도한다. 그들을 믿고, 그들과 함께하고, 진심으로 지탱하고 기대기를 온 마음 다해 바란다. 너를 온기 없는 더 큰 자유로 떠미는 타고난 축복을 네가 원망하지 않을 수 있도록 말이다. 그러니 나는 네가 결국 사람을 위하고, 사람을 사랑하고, 영영 무너질 듯해도 일으켜 세우는 손이 있음을 알며, 고독하지 않은 일생을 얻은 너를 그려 보며 이 편지를 맺는다. 갈 때가 되었다. 이제 너는 다시 세상으로 돌아가 네 사랑을 나아가게 하는 찬란한 아픔을 모두 겪거라.

세상이 너를 하얗게 잊어버린 후에도

괴로움보다 강한 집념으로 네 고통을 직시하려니
짐승으로 태어나, 역병처럼 살아가고,
사랑해서는 안 될 이들을 사랑하며,
화염과 함께 죽어 가려니
추하고, 불결하고, 이기적이고, 용서할 수 없는,
공모자이자 착취자라며, 스스로 낙인을 새기려니
꺾일 줄 모르는 양심이 절망보다 강하여,
끝끝내 자비를 바라지 않으려니
구원도 파멸도 아닌, 분노도 멸시도 아닌,
이해도 용서도 아닌
오로지 한 가지만을 바라려니
네 척박한 세계에는 용서가 없고
오로지 살을 에는 바람이 불어올 뿐이려니

열풍

더 이상 거리에서 그림자의 투명성을 찾아볼 수 없다 내리꽂히는 빛이 아니면 칼로 윤곽이 잘린 절대적 검정이다 태양의 적의가 일상에 얼룩져 피처럼 전사된다 그러므로 어둠이 제 검은 허물만 남긴 채 종적을 감춘 나날에는 누구나 두려워하며 외출을 삼간다

검은 것들

그 어떤 진실도 어스름에 파문을 일으킬 수 없나니. 창조하는 힘이 정숙해야 할 이유는 무엇인가, 심장이 뛰는 살갗 위로 말없이 손을 올려 본다. 검은 것들의 손톱자국이 할퀴고 지나가는, 불타는 듯한 격통이 끊이지 않는다. 격통은 혈관을 찢고 생물의 전신에 녹아든 산소를 검게 태운다. 나는 지고에 대해 떠들어대곤 했다. 그러나 내가 나의 지고를 어디에서 찾는지 털어놓았던 적이 있었던가. 그리고 털어놓았던 적이 있었던가, 내 세계에 끊임없이 쏟아져 내리는 영원한 폭우는 단 한순간도 검지 않았던 적이 없었노라고. 그것은 검다, 밤이 오면 사라지는 취약한 생명마저 한순간 그곳에 다다를 수 있을 정도로 검다. 검은 것들은 평생의 재난이건만, 그와 동시에 나는 검은 것들로부터 가장 사랑받았다고 해도 과언이 아니다. 가라앉을 줄 모르는 맹렬한 암흑이 나의 부수어진 범선을 이 뭍까지 인도했다. 숨마다 나를 고문하는 내 존재의 근간이여.

영원의 호숫가에서

물빛이 손금을 타고 올라 적시는 모습을 본다
음악의 경지에 이르기까지 침묵이 춤춘다
영혼이 조심스레 부활하는 이때
젖은 날개를 지상에 끌며 빗속의 사랑이 말한다
슬퍼하며 오거라 우리가 멀리 걷게 되리니
피흘리며 울거라 우리가 오래 괴로우리니
그리고 우리의 탄식이 다르지 않으니
너를 위한 우리의 슬픔에 끊임이 없을지어다

그것을 바람이라 불러라

태양 없는 시간에 부활한
네 여린 피부를 감싸는
그것을 바람이라 불러라
나는 평생 그것을 따라 걷고자 했다
사구의 열풍과 설야의 북풍,
협곡의 두려운 돌풍과 들판의 푸른 미풍,
파도를 만으로 이끄는 고대의 해풍,
새들을 날아오르게 하는 찰나의 폭풍,
높게 매단 흰 돛을 음악처럼 부풀리는 창조의 순풍,
그리고, 역풍, 모든 향기를 내게 불어오게 하는,
영원하고 야성적인 역풍
영혼이여, 어린 네가 이들을 미리 알고
첫 비를 맞듯 사랑하거라

사랑하는 것들 중 무엇도 흔들지 못하더라도
그리운 것들과 재회하기 전에는 떠날 수 없으리니

지극하게, 목숨보다 진실하게
영원히 살 것처럼 사랑하리라

부록

이 시집을 집필하게 된 계기는 무엇인가요?

부끄러움을 많이 타는 편입니다. 글을 적기는 해도 시집을 낼 배짱은 없었습니다. 하지만 평생 숨어 살고자 했던 제 등을 밀어준 귀한 인연들이 있습니다. 제 글을 좋아해 주는 좋은 친구들과 글을 계속 쓰라고 격려해 주신 선생님을 위해서라도 용기를 쥐어짰습니다. 여기저기 흩어져 있던 문장과 단상을 찾아내, 버릴 것은 버리고 남길 것은 남겨가며 한때의 비밀들을 조각보처럼 기웠습니다.

불안과 고통이 자그마한 기쁨마저 짓밟아온 제 십 대와 이십 대를 이 책으로 결산하고 싶었습니다. 저의 시가 독백에 그치기보다는, 말로 다 못 할 슬픔과 분노를 숨기고 짙어진 영혼들에게 가닿기를, 그리고 그들을 에워싼 고독 밖 조심스러운 인기척이 되기를 바라는 마음입니다. 이 책이 누군가의 닫힌 문 앞에 무사히 도착하길 바랍니다.

책 제목이 '무풍지대'가 된 연유를 설명해 주신다면.

'무풍지대'를 이야기하려면 시집에 수록된 '고요 속의 짐승 I'이라는 시부터 시작해야 합니다. 이 시의 원제는 'A Silent Being'입니다. 고요한 존재라는 뜻으로, 이 시는 폭우와 허공의 대비를 주제로 삼습니다. 폭우는 원초적인 생명력과 소리를 지닌 반면, 폭우가 쏟아지는 배경인 허공은 텅 빈 채 고요하기만 합니다. 그리고 고요 속의 짐승은 폭우가 아닌 허공에서 태어났습니다. 생명보다는 상실이, 소리보다는 침묵이, 존재보다는 부재가 그의 태생입니다.

이 시와 시어는 상당히 자전적입니다. '말하지 않는 자', '무형의 절망을 내비치지 않는 자', '생명과 일상을 해치지 않는 자', '진실을 감추고 고요를 내세워 제 것도 아닌 평화에 틈입한 낯선 이', 이런 것이 제가 확립해 온 정체성이기 때문입니다. 그래서 '고요한 존재'나 '고요 속의 짐승'을 시집의 제목으로 붙일까 고민하기도 했습니다. 하지만 지극히 개인적인 정체성으로 모든 작품을 한데 묶는 것은 적절하지 않다고 생각했습니다. 조금 더 포괄적인 제목을 고민하다가, '무풍지대'를 떠올렸습니다. 제가 적은 모든 글을 어디에도 존재하지 않는 어느 무풍지대에서 찾을 수 있을 것 같았거든요. 광활하고 고요하여 고독과 사멸을 포용하는, 모든 고요한 짐승들의 근원적인 공간을 떠올리며 책의 제목을 지었습니다.

시집의 첫 페이지에 '연인을 화장하며 쇠도 녹일 사랑으로 쓴다'라는 문장이 강렬하게 다가왔는데요. 이 문장으로 서문을 열게 된 배경이 궁금합니다.

연인의 관이 타오르는 모습, 그것이 제가 보는 세상의 모습입니다. 사람은 살아가며 매 순간 상실을 예견하지만,

유리 너머로 화염이 사랑을 집어삼키는 모습을 지켜보는 일은 견디기 어렵습니다. 오로지 살아있다는 이유로 두려움이 가혹한 고통으로 변모하는 과정을 끝없이 겪어야 하죠. 그럼에도 불구하고 연인을 불태우는 화염보다 맹렬한 것이 있습니다. 열화에 사로잡힌 가슴을 아무리 내리쳐도 잦아들지 않는 통곡, 절규, 울부짖음, 그것은 바로 쇠도 녹일 사랑입니다.

이 시집이 머나먼 '무풍지대'에서 부친 편지라면, 발신인은 연인을 화장하며 쇠도 녹일 사랑으로 편지를 적었다는 의미로 서문을 열었습니다.

다수의 시에서 인류 역사나 미술 등에 관한 깊은 조예가 느껴졌어요. 평소 이런 분야에 관심이 많으신가요?

예술과 역사에는 늘 존경과 감탄을 품어왔습니다. 특히 역사와 예술이 만나는 지점은 더더욱 가슴을 뛰게 합니다. 그래서 작품 외적으로 거미줄처럼 엮인 상황을 알아보는 것에 큰 즐거움을 느낍니다. 예술 사조가 탄생한 역사적 배경이나 작품 이면의 사건과 맥락, 그 당시 주류 학문이나 다른 장르와의 연계성 등이 그렇죠. 조예가 깊다기에는 한참 부족하지만, 좋아하느냐고 물으신다면 설레는 마음으로 그렇다고 답하겠습니다.

시의 주제가 굉장히 다채로워요. 평소 어디에서 영감을 얻으시는지 궁금합니다.

글을 쓸 수 있는 고양된 상태를 일부러 불러들이려고 노력했던 때도 있었습니다. 책을 읽고, 공부하고, 음악을 듣고, 온갖 감동적인 것들을 곁에 두었습니다. 하지만 요즘에는 스스로가 말들의 우연한 만남이 이루어지는 통로에 불과하다는 생각을 자주 합니다. 단상, 감정, 예감, 때로는 완성된 시어가 아주 뚜렷하게, 계기도 없이 불현듯 찾아오기 때문입니다. 구름이 걷히고 지상에 금빛이 드리우는 명료한 순간처럼 발상과 동기를 경험할 때 저는 영감이 찾아온 것을 느끼곤 합니다.

시를 통해 '경이', '진리', '허무', '죽음'과 같은 근원적인 질문들을 끊임없이 던지셨는데요. 이러한 사유의 길로 들어서게 된 체험이 있으셨나요?

어렸을 때 꿈이 이론물리학자였습니다. 아버지께서 우주 다큐멘터리를 자주 틀어 두셨는데, 그때 덩달아 집중해 버리는 바람에 과학자가 되겠다는 결심이 섰던 것 같습니다. 우주와 우주를 이루는 광활한 개념들을 사랑했고, 이론과 현실이 맞물릴 수 있다는 사실을, 수학이 우주의 언어라는 사실을 아름답게 여겼습니다. 그 어린이는 2019년 처음으로 블랙홀이 실제로 관측되었을 때, 생방송을 보며

환호성을 지른 어른으로 자랐습니다. 한 세기 전 아인슈타인이 예측한 현상이 이론대로 우주에 실재한다는 것에 황홀함과 아름다움을 느꼈죠. 결국에는 이론보다는 실제를 추구하는 다른 과학 분야를 공부하게 되었지만, 지금도 그때 느꼈던 벅찬 기쁨을 기억하고 있습니다. 그러니 진리라는 개념이 지닌 압도적인 순수성을 향한 사랑은, 제대로 기억나기 전부터 저와 함께해온 셈입니다.

위와 비슷한 시기에 죽음을 향한 비이성적인 공포에 사로잡혔던 적이 있습니다. '언젠간 죽게 될 거다, 사랑하는 대상이 죽을 거다'라는 생각과 함께 매일 죽음에 대해 생각하며 두려움에 떨었습니다. 학교에 들어가고 나서도 몇 년 동안 그랬습니다. 열네 살쯤 학교에서 자살 고위험군이라고 병원에 보냈는데, 불안장애와 우울증 진단을 받았습니다. 어떤 질환은 이유 없이 생기기 마련입니다. 완치는 기대하지 않고 있습니다. 평생 두렵고, 고통스럽고, 죽음에 대해 생각하면서 살게 될 가능성이 큽니다. 글에서 죽음이라는 주제가 반복해서 떠오르는 이유는 그만큼 오래 전부터 죽음을 가까이 두고 살아왔기 때문입니다. 그간 겪은 죽음과 관련된 사건들로부터도 큰 충격을 받았지만, 죽음은 그 전부터도 제 어깨에 한 손을 올린 채 제가 지닌 생명을 길러왔습니다.

하지만 이 모든 것으로부터 허무보다는 부당함과 울분

을, 그리고 타는 듯한 사랑을 느꼈습니다. 글에서 허무가 묻어났다면 그와 유사한 사멸감과 탈력감 때문일지도 모르겠습니다. 무감동한 상태를 표현한 경우도 떠오릅니다. 아니면 저도 몰랐던 무언가가 있을 수도 있겠죠. 더 고민해 보겠습니다.

'사랑'에 대해 때로는 '착란과 같은 광채'로 존재하기도 하며, 아름답기도 하지만 무정하다고도 표현하셨어요. 작가님이 생각하는 '사랑'의 본질은 무엇인가요?

'사랑'에는 사랑이 있는 순간을 선명하게 깨닫게 하는 힘이 있습니다. 문학을 공부하면서 '에피파니'라는 단어를 만났습니다. 어떤 통찰, 깨달음, 직관이 갑작스럽게 내리꽂히면서 어떤 본질이나 진실을 깨닫는다는 뜻이었습니다. 저는 그 단어에서 곧장 사랑을 떠올렸습니다. 사랑이 있는 매 순간이 그러하기 때문입니다. 다만 사랑의 에피파니는 찰나에 그치지 않고 영속성을 지닌다는 면에서 약간의 차이를 느끼기도 합니다.

아름답다는 말의 의미를 온몸으로 체감하고, 필연적으로 찾아올 최후가 스스로의 죽음보다도 두렵고, 이미 잃은 것처럼 무너지듯 비통하고, 계속 울고. 그래도 다시 만날 수만 있다면 화형 같던 지난날과 상실 이후 산산조각 날 영혼을 전부 다시 겪을 수 있을 것만 같고. 매초, 매 숨을 경애하며 조심스러워지고, 저도 모르게 부드럽게 웃게 되고. 그게 제가 아는 사랑이고, 사랑의 모습입니다.

덧붙이자면, 그저 사람이 짊어지고 태어난 천부적인 사랑에 대해 이야기하기도 좋아합니다. 혹시 '사랑을 잃고 나는 쓰네'로 운을 떼고, '가엾은 내 사랑 빈집에 갇혔네'로 마무리되는 기형도 시인의 '빈집'이라는 시를 아신다면, 화자가 '더 이상 내 것이 아닌' 떠나보낸 풍경과 감정들로 그 사이를 채우고 있다는 사실을 기억하실 겁니다. 그렇듯 사랑 그 자체를 잃은 사람이 겪는 특유의 정서가 있습니다. 그 정서에 대한 이야기를 더 많이 발견하고, 더 많이 쓰고 싶다는 생각을 자주 합니다. 대상이 있는 사랑이 아닌, 사랑이라는 개념 자체를 등지고 떠나가는 이들이 향하는 황무지가 분명히 존재하기 때문입니다.

이 시집에도 사랑 그 자체를 잃어 여위고 메말라가며, 생기의 흔적조차 없이 황폐한 장소로 가 닿는 이들의 이야기가 수록되어 있습니다. '사랑을 등지며'와 '해풍'이라는 제목이니, 책장을 넘기던 중 잠깐이나마 알아보신다면 무척 기쁘겠습니다.

작가님께 '시'란 무엇이며, 앞으로 어떤 시들을 써나가고 싶으신가요?

긴 타지 생활을 하면서 잠 못 이룰 향수병에 시달렸는데,

그때 실향과 귀향의 이야기인 예이츠의 '이니스프리 호수의 섬'을 외우다시피 했습니다. 그리고 오랫동안 윤동주 시인의 '하늘과 바람과 별과 시'를 침대맡에 두고 지냈습니다. 그중에서도 '팔복'을 닳도록 읽었죠. 지금도 불안, 슬픔, 고통의 격류가 찾아오면 그것들이 잦아들 때까지 '팔복'을 절박하게 되뇌곤 합니다.

저는 제가 시에 의지하는 이유를 알고 있습니다. 그들이 표현하는 무언가가 저 자신보다도 진실하게 제 삶을 드러내기 때문입니다. 언어로써 무형의 경험을 가장 진실하게 포착하는 작업, 혹은 그러한 시도. 그 결과물. 이것이 제가 생각하는 시입니다. 앞으로 쓰고 싶은 시도 '진실성'이 핵심입니다. 덧붙이자면 윤동주 시인은 '달을 쏘다'에 다음과 같이 적었습니다. '군아, 나는 울며 울며 이 글을 쓴다'. 이 문장을 처음 접했던 때의 충격이 생생합니다. 함께 울 수밖에 없었습니다. 그리고 지금도 생각합니다. 저토록 숨 메는 심정으로, 거짓 없이 고백하고 싶다고. 끊임없는 설움의 동토를 헤매며 그곳에서 발견한 것들에 대해 말하고 싶다고. 그래야만 한다고. 그것이 결국 제가 쓰고 싶은 시이자, 도달하고 싶은 시인의 모습입니다.

요즘 무엇을 할 때 가장 행복하신가요?

'잘 지내?'에 '응'이라고 답하자는 사회적 합의 몰래 귀띔

하자면, 그다지 행복하지 않습니다. 요 몇 달 우울증이 심해져서 혼자서는 일어나 앉기도 힘들었습니다. 걷지 못해 주저앉기 두려워서 외출도 마다했습니다. 지금은 조금 나아졌는데, 행복보다는 피로한 정체기를 지내고 있습니다.

그래도 예쁜 것은 있습니다. 저는 얼마 전 아홉 살 생일을 맞은 한 이상한 고양이와 함께 살고 있습니다. 아무리 힘들어도 이 보드라운 친구에게까지 무감각해진 적은 없습니다. 순하고, 게으르고, 볼 때마다 웃음이 나올 정도로 못생긴 외계 천사는 눈만 마주쳐도 고롱고롱합니다. 꼬리는 줄무늬고, 털색은 우주의 모든 빛을 합하면 나온다는 코스믹 라떼입니다. 이름은 '사랑'입니다. '사랑을 위해 살자'라는 제 모토의 정체이자 주인공입니다. 언제나 서너 걸음 거리에서 쉬고 있는 사랑이를 볼 때, 꼭 안아주며 사랑한다고 말할 때 가장 행복하고, 어쩌면 유일하게 행복합니다.

앞으로 새롭게 해보고 싶은 일이 있으신가요?

언젠가는 시나리오 라이터로 게임 개발에 참여해 보고 싶다는 꿈이 있습니다. 제가 인상 깊게 플레이했던 '디스코 엘리시움'이라는 텍스트 위주 게임이 있는데, 한 줄 한 줄 읽을 때마다 '글을 어떻게 저렇게 쓰지?' 하고 감탄했습니다. 방대한 텍스트만큼이나 아트워크도 만만찮게 매력적입니다. 사운드도 마찬가지여서, 지금까지 모아온 플레이리스트 중 가장 좋아한다고 손꼽을만한 음악을 발견하기도 했습니다. 그런 작품을 접하고 보니 저도 한 편의 종합예술을 완성하는 데 기여해보고 싶어졌습니다.

마지막으로 독자들에게 한 말씀 전해주신다면.
건네고 싶은 말이 많아서, 무엇부터 말해야 할지 모르겠습니다. 그래도 굳이 고르자면 다음과 같습니다. "살아주세요. 가지 마세요. 살다 보면 나아질 것이라는 거짓말은 하지 않겠습니다. 희망을 믿기에는 너무 멀리 왔다는 걸 압니다. 비통하고, 무의미하고, 괴롭고, 절망스럽다는 것도 압니다. 하지만 부디 살아주세요. 아무것도 약속할 수 없지만, 이렇게 부탁드립니다." 부끄럽지만, 마지막 추신으로 제 시를 인용합니다.

'그러니 나는 네가 결국 사람을 위하고, 사람을 사랑하고, 영영 무너질 듯해도 일으켜 세우는 손이 있음을 알며, 고독하지 않은 일생을 얻은 너를 그려 보며 이 편지를 맺는다. 갈 때가 되었다. 이제 너는 다시 세상으로 돌아가 네 사랑을 나아가게 하는 찬란한 아픔을 모두 겪거라.'

- 축복받은 나의 친구에게 中

무풍지대

발행일 2025년 8월 18일

지은이 윤희준
펴낸이 마형민
기획 페스트북 편집부
편집 곽하늘 이은주 김예은
디자인 김안석 표진아
펴낸곳 주식회사 페스트북
홈페이지 festbook.co.kr
편집부 경기도 안양시 동안구 관악대로 488

ⓒ 윤희준 2025

ISBN 979-11-6929-863-6 03810
값 12,000원

* 이 책은 저작권법에 의해 보호를 받는 저작물이므로 무단 전재와 무단 복제를 금합니다.
* 페스트북은 작가중심주의를 고수합니다. 누구나 인생의 새로운 챕터를 쓰도록 돕습니다.
creative@festbook.co.kr로 자신만의 목소리를 보내주세요.